O QUE VI POR AÍ

Manuel Filho

Luciano Tasso
Ilustrações

1ª edição
2025

© 2025 texto Manuel Filho
ilustrações Luciano Tasso

© Direitos de publicação
CORTEZ EDITORA
Rua Monte Alegre, 1074 – Perdizes
05014-001 – São Paulo – SP
Tel.: (11) 3864-0111
editorial@cortezeditora.com.br
www.cortezeditora.com.br

Fundador
José Xavier Cortez

Direção Editorial
Miriam Cortez

Auxiliar editorial
Amarílis Oliveira

Preparação
Isabel Ferrazoli

Revisão
Agnaldo Alves
Alexandre Ricardo da Cunha
Gabriel Maretti
Tuca Dantas

Edição de Arte
Mauricio Rindeika Seolin

Produtor Gráfico
José Garcia Filho

Obra em conformidade ao
Novo Acordo Ortográfico da Língua Portuguesa

Dados Internacionais de Catalogação na Publicação (CIP)
(Câmara Brasileira do Livro, SP, Brasil)

Manuel Filho
   O que vi por aí: (andanças e descobertas de um escritor pelo
Brasil) / Manuel Filho; Luciano Tasso, ilustrações. – 1. ed. – São
Paulo: Cortez Editora, 2025.

   ISBN 978-65-5555-580-6

   1. Brasil – Descrição e viagens 2. Escritores – Brasil
3. Família – História 4. Histórias de vida 5. Manuel Filho, 1968- 6.
Memórias autobiográficas I. Tasso, Luciano. II. Título.

25-267930   CDD-920

Índices para catálogo sistemático:

1. Memórias autobiográficas   920

Cibele Maria Dias – Bibliotecária – CRB-8/9427

Para minha querida amiga Bel Ferrazoli.

Sumário

1. VAMOS VIAJAR?, 7

2. HISTÓRIAS DE MINHAS RAÍZES NORDESTINAS
(Surpresas e emoções faladas e escritas), 11

3. ATRAVESSANDO TERRAS GAÚCHAS
(Histórias não levadas pelo tempo ou pelo vento), 15

4. PELOS MISTÉRIOS DE MINAS GERAIS
(Fé, conversas e uma inesperada piscina), 20

5. NO CENTRO-OESTE, O CORAÇÃO DO BRASIL
(A terra da poeta, das frutas e cores), 26

6. AMAZÔNIA E A VIDA POR TODA PARTE
(Sobrevivendo da floresta), 32

7. OS PRÓXIMOS CAPÍTULOS..., 37

AUTOR E ILUSTRADOR, 39

1

VAMOS VIAJAR?

Oxente!
Uai!
Bah!
Você já deve ter ouvido uma dessas expressões, não é?
Ou, quem sabe, até as pronuncia no dia a dia.
O Brasil fala somente uma língua, quer dizer, os povos indígenas brasileiros têm seus próprios idiomas, mas, oficialmente, podemos nos entender por todo o país usando as mesmas palavras.
Será?
Você sabe o que significam arroio, rambutan ou cachete?
Aposto que você não conhece, pelo menos, uma dessas "coisas". Arroio é o nome que se dá, lá no Rio Grande do Sul, para um pequeno riacho. Rambutan é uma fruta estrangeira cultivada no Amazonas. E cachete é como se pode chamar o retrós de linha no Nordeste. Eu também não sabia nada disso, até que tive a oportunidade de viajar por quase todo o Brasil e aprender muito.
E por que eu fui viajar?
No início, eu ia com os meus pais, que nasceram no menor estado do Brasil, o Sergipe. Naquela época, lá pelos anos de 1970, tudo era bastante diferente. Não havia tantas opções de transporte como temos hoje em dia. Aviões? Apenas para poucos. Não dava nem para imaginar o que seria colocar os pés neles.
Minha família era muito simples, mas sempre existia a possibilidade de uma viagem para Sergipe, de carro, partindo de São Bernardo do Campo (SP), a cidade onde nasci e na qual vivo até os dias de hoje.

A viagem chegava a durar até três dias. Meu pai e minha mãe ocupavam os bancos dianteiros. Eu, minha irmã e meu irmão nos espremíamos no de trás. Como caçula, sempre ficava entre eles. Isso me aborrecia, pois tinha curiosidade de olhar pelas janelas laterais para observar a paisagem.

Assim, eu me ajoelhava no banco e via tudo o que acontecia pelo vidro traseiro. Algumas das pessoas mais amigas nas estradas eram os caminhoneiros. A maioria deles sempre sinalizava indicando o melhor momento para uma ultrapassagem. O divertido, para mim, era que eles sempre respondiam aos acenos que eu fazia com a mão.

E foi assim que comecei a estimular minha imaginação antes dos livros, de saber ler ou de qualquer outra informação: as viagens pelas estradas.

Muita coisa me interessava: as vacas no pasto, as árvores, as pessoas vendendo todo tipo de frutas e os animais silvestres. Também avistávamos muitos acidentes. Lembro-me de vários e, no futuro, teria medo de dirigir por causa deles.

Mas tudo passou. Para perder o receio de dirigir, um dia, entrei no meu carro e fui sozinho até Minas Gerais. Conheci todas as cidades históricas e, de quebra, voltei com material para escrever um de meus livros, mas essa história fica para depois.

Quando chegávamos à minúscula cidade de Carira, no interior do estado de Sergipe, tudo era uma festa. Eu encontrava meus primos, avós maternos e tios. Todos sempre curiosos sobre o que estaria acontecendo em São Paulo. Não tinha ideia do que se passava no mundo dos adultos, pois só queria brincar. Acho que o que acontece na nossa infância é muito importante. É um período de descobertas, de perceber tudo pela primeira vez: o sol, o arco-íris, um raio. Jamais me esqueci da primeira chuva de granizo que vi. Não conseguia entender aquilo: como é que caíam pedras de gelo do céu? Eu pedia explicação para meus irmãos, mas eles também não sabiam.

A casa da minha avó era uma casa bem comprida, de fachada reta, simples, apenas com a porta de entrada e uma janela que dava para a rua. Lá no fundo, havia um quintal com várias árvores frutíferas. Acho que, por causa do calor ou de minhas lembranças de menino, sempre tinha fruta: manga, laranja, pinha e caju.

No quintal do vizinho crescia uma jaqueira. Pelo quintal ciscavam galinhas e seus pintinhos, sempre. Não existia cachorro ou gato. Minha avó iria cuidar de um papagaio por muitos e muitos anos, que, inclusive, iria sobreviver a ela, mas isso também vou contar daqui a pouco.

Há um episódio trágico do qual jamais me esqueci. Numa das vezes em que entramos em Carira, exatamente em nossa chegada, mataram o prefeito da cidade. Foi assustador. Até eu, que era criança, percebi um clima pesado no ar. Não me lembro de enterro, de velório, de muita gente na rua, nada disso. A única coisa da qual me recordo é a missa. Sempre íamos e, daquela vez, a igreja estava lotada. O padre deu uma bronca imensa em toda a população e ainda disse que iria falar com Deus para mandar uma praga sobre a cidade, pois ele tinha o poder de fazer isso. Fiquei apavorado. Não sei se ele desistiu de rogar a praga, mas, de qualquer maneira, a cidade continuou a sofrer com a seca, que, afinal de contas, já era um tipo de maldição.

Quando você é criado na cidade, nas capitais, tudo o que pertence ao interior parece novidade. Eu tinha medo de uns insetos pretos, grandes, que estavam por todos os lados e que eram chamados de "rola-bosta". Meus primos riam de mim, dizendo que eles não faziam nada, mas eu não achava a menor graça. Se pernilongo já costumava deixar uma marca vermelha e que coçava, imagine o que aconteceria se aquele bicho me mordesse. Eu não chegava nem perto.

O que eu mais fazia com as outras crianças era ir nadar no "tanque". A primeira vez que ouvi aquilo, me imaginei dentro de um tanque do tipo que minha mãe usava para lavar roupa. Mas, diferente disso, eram pequenas lagoas, com a água incrivelmente barrenta. Com todo o calor que fazia diariamente, aquela acabava sendo uma ótima brincadeira. Muitas vezes, a água que bebíamos era assim também, barrenta, e guardada em pequenas moringas de barro que a mantinham fresca.

Enfim... As viagens foram e continuam sendo um dos principais meios para que eu encontre inspiração e tenha ideias para escrever histórias, inventar canções, ou, simplesmente, lembrar com saudade de um tempo e de pessoas que já se foram.

E é assim que começa nossa viagem por este livro. Um passeio pelo Brasil e pelas lembranças que são minhas, mas que podem ser de qualquer um. Várias vezes olhamos para as coisas e só as enxergamos de verdade se alguém nos revelar o valor que elas têm. Comigo isso sempre acontece. Um objeto que parece comum, de repente, ganha um valor inesperado quando descubro sua história ou o que ele representa.

Vou contar um montão de coisas e, aos poucos, você também irá perceber que nossas memórias são importantes para encher de razão nossas vidas.

Vamos lá!

HISTÓRIAS DE MINHAS RAÍZES NORDESTINAS

(Surpresas e emoções faladas e escritas)

Toda família tem problemas. É um fato.

Pode olhar... Talvez você tenha um tio que bebe, uma prima que exagera nos gastos ou um irmão que não sabe ficar solteiro, vive se casando, tendo filhos, essas coisas. E a família inteira acaba se envolvendo com esses problemas: ou para dar conselhos ou uma bela bronca. Aí, a situação se espalha e todos começam a ter uma opinião. Pode até virar o principal assunto durante casamentos ou velórios, pois, afinal, é nesses momentos que a maioria dos familiares acaba se encontrando, não é verdade?

Mas... Existe outra situação que, em vez de separar ou causar discórdias, une os membros de uma família: suas histórias. Sejam os dias de infância vividos num sítio, seja uma assombração que algum parente jura que viu, seja um peixe gigantesco que foi pescado e escapou sem deixar rastros. E as melhores histórias geram permanente curiosidade. Sempre que, em algum momento, nos encontramos com o contador de uma delas, pedimos que nos relate novamente, na esperança de descobrirmos algo inédito ou, até mesmo, com a intenção de achar alguma falha e desvendar uma eventual mentira.

O QUE VI POR AÍ

Eu aprecio histórias de família. Acho que elas nos ajudam a saber quem somos e de onde viemos. Imagine que sua avó tenha conhecido a avó dela. Isso é incrível, pois é como se pudéssemos voltar, pelo menos, cem anos no passado apenas conversando com as pessoas mais idosas. Sempre que tenho a oportunidade de conversar com alguém que já viveu bastante, tento descobrir como eram seus hábitos, sua comida, suas roupas e seu dia a dia. Por causa dessa minha curiosidade, já conversei com um senhor que lutou pelo Brasil na Segunda Guerra Mundial e com uma senhora cujo pai trabalhava colocando ferraduras nos cavalos que andavam por São Paulo, hoje algo inimaginável nessa cidade lotada de automóveis.

Quando minha avó materna morreu, fiquei triste por variadas razões. Uma delas foi exatamente o fato de que se acabaram minhas chances de ouvir o que ela tinha para contar, pois raramente nos encontrávamos em razão da distância que nos separava.

Alguns anos se foram e eu continuei remoendo a sensação de que perdera uma importante peça do meu passado. Foi então que, numa conversa com minha mãe, descobri que alguns irmãos da minha avó ainda estavam vivos, inclusive uma irmã do meu avô, a última.

Decidi que não perderia aquela chance de conhecer mais sobre meu passado. Acabei retornando a Sergipe, com minha mãe, para conhecer todos esses parentes de quem eu nunca havia ouvido falar. Minha maior curiosidade estava na minha tia-avó, irmã do meu avô, que diziam ser centenária. Alguns parentes apostaram que eu só perderia meu tempo, que ela estaria "gagá", mas não quis nem saber, decidi ver por mim mesmo.

Como já disse no capítulo anterior, costumava visitar a cidade dos meus pais na minha infância, somente. Fiquei trinta anos sem voltar ao local e, para ser bem sincero, só conseguia me lembrar da casa e de mais nada. Foi ótimo retornar. Fomos muito bem recebidos, mas estranhei não ver meus avós andando pelos ambientes, que agora eram habitados pela família de um de meus tios. A lembrança mais viva dos idosos eram alguns móveis, roupas e exatamente o "louro" criado pela minha avó, que sempre que a via gritava: "Vó!".

Depois das conversas com tios e primos, nos levaram até a casa da minha tia-avó. Ninguém sabia me dizer em que estado mental ela estaria, mas torcia para que estivesse bem.

E não me decepcionei.

Ela vivia numa casa bastante simples e, assim que soube que havia gente querendo vê-la, veio caminhando tranquilamente em nossa direção. Em seguida, sentou-se em seu sofá e reconheceu minha mãe. Tia Mariquinha não tinha ideia de quem eu era, naturalmente. Mas assim que lhe fiz a primeira pergunta, não parou mais de falar sobre sua vida.

Afirmou com clareza o ano em que nasceu, 1916, e como era sua vida no passado. Explicou satisfeita que, quando se casou, não quis mudar o nome de solteira em razão do amor que devotava ao seu pai. Às vezes, chorava durante seus relatos, não para lamentar algo antigo, mas por causa de algum problema atual: um médico que não a atendeu ou dinheiro que faltou. Era como se o passado ainda estivesse por ali, guardado num móvel velho ou numa foto de seu casamento, colorida à mão, presa na parede.

Tia Mariquinha também contou do tempo em que ia à escola. Era um local simples, na vila, que oferecia a possibilidade de uma mulher estudar, situação incomum naquela época. Foi então que, de repente, minha mãe perguntou se ela havia aprendido a ler no manuscrito, como ela própria.

Eu não entendi nada, pois não sabia o que era o tal manuscrito. A tia respondeu que sim e se levantou caminhando em direção ao seu quartinho. Minha mãe pôde vê-la enquanto a senhora abria uma caixa e procurava por alguma coisa. De repente, ela retornou à sala trazendo o manuscrito, um livreto impresso com vários textos, todos com letra de mão e que era usado para alfabetizar.

Quando peguei no pequeno exemplar, tive a certeza absoluta de que estava tocando em algo muito precioso. O livro com o qual ela havia aprendido a ler há mais de oitenta anos e que a acompanhou por toda a vida. Quem de nós ainda possui o seu? Foi então que ela perguntou para mim:

– Quer para você?

Meus olhos brilharam de surpresa, fiquei emocionado. Olhei para o manuscrito, para ela e, sincero, respondi negativamente. Não tive coragem de separá-la de algo que ela guardara por toda a vida. Jamais me sentiria bem. Agradeci e, para não ficar sem aquele registro, pedi para tirar uma cópia, o que ela autorizou. Fiquei contente. Acho que tinha encontrado uma prova viva de como a leitura, a educação e o fato de aprender a ler podem mudar a vida de uma pessoa.

Ao final de minha visita, tia Mariquinha recitou um poema que havia aprendido ainda criança e que contava toda a história de Lampião, o cangaceiro mais famoso do Nordeste. Agora, para minha família, eu é que tinha uma nova história para contar: o dia em que, em vez de pegar um de seus bens mais importantes, o manuscrito, eu trouxe de minha tia-avó histórias, sentimentos e valores que ficarão comigo para sempre.

3

ATRAVESSANDO TERRAS GAÚCHAS

(Histórias não levadas
pelo tempo ou pelo vento)

— **V**ocê quer escrever um livro sobre o Pampa?

Foi isso que me perguntaram há alguns anos. Como adoro desafios, e tinha algumas informações sobre a região, respondi: "sim!". Mas, em seguida, me apavorei. O que eu sabia era muito pouco para escrever um livro sobre o assunto.

Mas elaborar um texto é sempre uma grande aventura e não saber nada pode ser, justamente, um princípio bastante interessante. É claro que, a cada livro que escrevo, acumulo conhecimento. Compreendo melhor como inventar um personagem, uma história, criar capítulos, começo, meio, fim, diálogos... É como se eu conhecesse a maioria das palavras de nossa língua e precisasse organizá-las para dizer alguma coisa com sentido.

Agora, veja em que situação eu me encontrava. Havia aceitado escrever um livro sobre um assunto que conhecia pouco, além de estar bem distante do local em questão. Eu já visitara o Rio Grande do Sul algumas vezes e guardava uma boa memória do estado. Lembrava-me da comida, das pessoas, do sotaque, das roupas, mas nunca tinha ido lá com o objetivo de observar o Pampa detalhadamente.

O QUE VI POR AÍ

Imagine que você seja convidado a descrever o mar para alguma pessoa que nunca o tivesse visto. Como é que você iria torná-lo interessante? Falaria das ondas, da areia, do sabor salgado? Certamente vários aspectos seriam esquecidos e, provavelmente, se fosse possível recorrer a algumas imagens, seu relato seria muito mais rico.

Foi o que fiz.

Peguei todas as fotos que eu tinha, li livros, pesquisei na internet, mas ainda me sentia incompleto para tratar do assunto. Então, tomei uma decisão que acabaria resultando numa das experiências mais felizes da minha vida: resolvi ir ao Pampa de carro, sozinho, de São Bernardo do Campo até o Rio Grande do Sul. Queria tempo para poder olhar as coisas com calma.

E lá fui eu... De novo na estrada. Sempre me lembro das viagens da minha infância a Sergipe quando faço isso, principalmente do medo, em razão dos vários acidentes que vi. Agora, porém, era algo bem diferente; não temia nada, apenas sentia uma grande expectativa. Estava sozinho e iria guiar por vários e vários quilômetros. Descobri que é muito mais gostoso dirigir pelas estradas do que dentro das cidades. Não há tanto trânsito, a paisagem muda frequentemente, dá para ver, à distância, onde está chovendo, tem as montanhas, os animais...

Minha primeira parada foi na cidade de Torres (RS), que possui uma praia muito diferente. Gigantescos paredões rochosos se erguem do meio da praia em direção ao mar, eles são únicos e formam pequenas barreiras. Fosse uma viagem comum, eu tiraria uma foto e iria embora. Mas, dessa vez, tentei descobrir se havia algum jeito para se atingir o topo deles. Não demorei a encontrar uma passagem para isso. Era um caminho estreito, ora impedido por alguns galhos, ora por alguém com medo de escorregar.

Gostei muito de subir por ali, era fresco. Quando atingi o cume, tive uma vista privilegiada da praia e dos outros paredões. Tratava-se de um lugar relativamente amplo; dava para andar com tranquilidade. Aproveitei para tirar fotos e imaginar que, do outro lado do oceano, na África, existem formações rochosas idênticas à que eu pisava. É impressionante saber que, antigamente, esses dois continentes eram grudados um no outro. Fiquei mais um tempo observando e, satisfeito, desci e retornei ao meu carro. Hora de cair novamente na estrada, atravessar o Rio Grande do Sul e chegar a Uruguaiana (RS).

Quanto mais adentrava o estado, mais cercado ficava por vastos campos verdes, contínuos a perder de vista. Sempre achei o Pampa um local misterioso,

ATRAVESSANDO TERRAS GAÚCHAS

graças aos romances do escritor Erico Verissimo. Ele contou a saga das missões, dos indígenas e gaúchos em livros como *Ana Terra* e *Um certo capitão Rodrigo*, partes de uma obra maior intitulada *O tempo e o vento*. A vegetação do Pampa, ao contrário das gigantescas árvores da Amazônia, é rasteira, porém, também cheia de vida. É habitado por variadas espécies de animais e plantas. Fora isso, há grandes lagoas que recebem o nome de banhado, no qual podem ser encontrados até mesmo jacarés. E eu que pensava que eles só existiam no Pantanal...

É claro que, antes de me embrenhar nessa viagem, já havia feito uma pesquisa a fim de saber onde e o que procurar. Eu precisava falar sobre a destruição do meio ambiente e descobri que uma parte do Pampa estava virando deserto. Uma tristeza encontrar o local onde isso estava acontecendo! Toda a paisagem verde, com a qual eu já me acostumara, de repente era interrompida por grandes áreas marrons, que se revelavam, na verdade, montes de areia. Isso está ocorrendo até hoje, e esse fenômeno se chama arenização, um processo que pode destruir o Pampa.

Parei o carro e resolvi caminhar por aquele local. Foi muito curioso, pois havia várias pegadas impressas de animais, como se fosse na praia. A areia é bem fininha, escorre pelas mãos. Também me chamaram a atenção alguns buracos que encontrei. Como poderiam ser tocas de algum tipo de animal, resolvi me afastar.

Ao longo da viagem, eu já havia visto muita coisa, adquirido bastante informação, mas não sabia ainda como organizá-las dentro de uma história.

Foi aí que aconteceu algo inesperado.

Continuei viajando pela rodovia deserta. Era comum que eu ficasse bastante tempo sem cruzar com outro carro ou alguma pessoa. De repente, percebi que vinha, ao longe e do meu lado oposto da estrada, alguém montado a cavalo. Tive uma ideia: atravessei a pista, parei no acostamento e fiquei esperando pela aproximação daquela pessoa.

No período em que eu fazia a viagem estava acontecendo a Semana Farroupilha, uma data muito festiva no Rio Grande do Sul e que celebra os eventos históricos ligados a essa revolução de mesmo nome. Vários homens e mulheres ficam "pilchados", ou seja, vestem trajes típicos dos gaúchos: bombacha, chapéu, cinto, vestidos coloridos etc.

Quem se aproximava do outro lado da estrada era um jovem rapaz que usava a vestimenta completa. Ele deve ter achado estranho aquele carro parado. Quando finalmente se aproximou, lhe perguntei:

O QUE VI POR AÍ

– Posso falar com você?

Contei que estava viajando para escrever um livro e ele concordou em me relatar sua história.

Ele iria participar de um desfile que estava acontecendo numa cidade próxima. Entretanto, em razão de uma brincadeira de mau gosto praticada por seus amigos, não pôde: eles haviam cortado o rabo de sua égua, que se chamava Biduana. Eu não havia reparado, mas aí notei que o rabo do animal, ao contrário de estar comprido e alongado, parecia uma vassourinha bem curta. O rapaz me disse que não fizeram aquilo por maldade, porém, ele ficou envergonhado de mostrar sua égua naquela situação.

Foi minha sorte. Charles, esse era seu nome, tinha 18 anos e me contou muito do que eu precisava saber. Disse-me que andava 16 quilômetros a cavalo todos os dias para ir à escola. Fiquei impressionado com aquela vontade de querer aprender. Lembrei-me das facilidades de algumas cidades e como, mesmo assim, as pessoas costumam reclamar. Ali, eu já senti admiração pelo jovem.

Contou-me que vivia num sítio que não possuía luz elétrica e que sua mãe cuidava de um parente acamado. Charles me falou dos animais que eram encontrados no Pampa, dos peixes e até como eles pescavam jacaré. Eu anotava tudo num bloquinho de papel; não queria perder nenhuma daquelas informações. Também descreveu algumas aves e tradições locais. Isso foi muito importante, pois se tratava de um relato vivo e verdadeiro de um morador local. Agradeci pelas informações e nos despedimos. Eu estava muito contente e, naquele momento, comecei a esboçar meu livro.

Como havia funcionado, tentei repetir aquela situação. Quando via alguém se aproximando pela estrada, eu parava o carro e aguardava, mas nunca mais funcionou: ou o cavalo se assustava, ou a pessoa não queria falar comigo. Se os amigos do Charles não tivessem feito aquela brincadeira, ou se eu não tivesse tido a ideia de parar o carro, aquela boa experiência jamais teria acontecido. Cheguei, mais tarde, todas as informações que ele havia me passado e estavam todas corretas.

E não foi somente ele quem me ajudou. Por todo o Brasil, sempre tive sorte em encontrar pessoas que me receberam, permitiram que eu entrasse em suas casas e ouvisse suas histórias. Entre elas, está o senhor Zeno, de Caçapava do Sul (RS). Eu sabia que, nessa cidade, iria encontrar muitas coisas interessantes. Ela possui um dos únicos fortes que ficam afastados do nosso litoral. Ele tem forma de estrela e a ideia era que protegesse o Brasil da invasão de nossos países vizinhos: Argentina e Paraguai.

ATRAVESSANDO TERRAS GAÚCHAS

Encontram-se, em muitas cidades gaúchas, os CTGs, que são os Centros de Tradições Gaúchas, nos quais se preservam os costumes da região. Achei que ali seria um bom lugar para encontrar alguém que me ajudasse com informações.

E não deu outra. Várias pessoas me indicaram o senhor Zeno, então saí a procurar a casa dele. Não foi difícil e, quando cheguei, bati à porta. Um homem me atendeu e expliquei o que desejava. Não demorou muito e o próprio senhor Zeno, do alto de seus 80 anos, veio me atender. Convidou-me a entrar e sentou-se no que deveria ser seu sofá favorito. Começamos a conversar e ele me contou sua vida, seus hábitos e, principalmente, a história do seu estado. Eu ouvia tudo com muita atenção e, quando terminamos nossa conversa, pensei que tudo estava encerrado. Porém, de repente, ele me perguntou se eu não gostaria de voltar no dia seguinte para que ele me mostrasse o forte.

Eu não havia planejado dormir na cidade, mas perder aquela oportunidade seria um desperdício. Sabe-se lá o tempo que eu iria gastar para encontrar o forte sozinho e também o tipo de informação que obteria. Respondi que sim e combinamos de nos encontrarmos às 8 horas da manhã.

No dia seguinte, tive uma das maiores surpresas da minha vida. Retornei à casa do senhor Zeno e, quando o reencontrei, ele estava totalmente pilchado. Achei uma honra imensa que ele tivesse se vestido com uma roupa que lhe dava tanto orgulho apenas para me acompanhar.

Entramos no meu carro e começamos a rodar. Foi aí que aconteceu uma coisa curiosa. Pensei que fosse dirigir muito até achar o forte, que talvez ficasse fora da cidade. Mas qual não foi a minha surpresa quando percebi que ele ficava, praticamente, atrás da casa do senhor Zeno, quase seu quintal.

Descemos e passeamos pelas ruínas, ele me narrando toda a história do local. Mas o principal foi viver toda aquela situação tão especial presenciando a alegria de alguém contando suas memórias. Depois disso, ele ainda me mostrou a cidade, me revelando aspectos que eu jamais descobriria sozinho. Quando eu o deixei em casa, o vi acenando para mim. Outro adeus, porém aquela imagem eu jamais esqueceria.

Até o fim da viagem eu ainda conversaria com várias pessoas pelo caminho. E o livro, que finalmente escrevi, acabei dedicando para todas elas. Cheguei à conclusão de que, por trás das histórias publicadas, existem muitas outras que não estão dentro do livro, mas que foram fundamentais para que ele pudesse ter sido escrito.

E como é bom conhecer um pouco mais sobre elas, não é?

4

PELOS MISTÉRIOS DE MINAS GERAIS

(Fé, conversas e uma inesperada piscina)

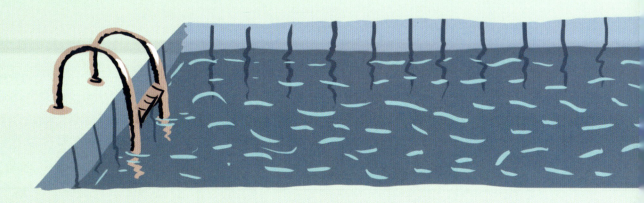

Quando eu era muito pequeno, passeando por Santos (SP), meu pai tinha a mania de me mostrar as fachadas de casarões antigos, chamando minha atenção para um número que a maioria deles ostenta até hoje. Aprendi a reconhecê-lo como indicação do ano de construção do respectivo prédio ou casa. Até hoje, essa é a primeira coisa que observo quando me deparo com imóveis tombados, por exemplo. Nós podemos encontrar esse tipo de casarão em várias cidades brasileiras. Quem sabe na sua não existe algum? Eles possuem portas largas, altas e janelões enormes voltados para a rua. São sempre muito elaborados, cheios de detalhes, e a data costuma ficar acima de tudo, no centro da fachada.

Depois que descubro a data, começo a viajar na imaginação. Gosto de pensar sobre as famílias que moraram ali, como seria o local antigamente, quantas casas existiram ao redor e, principalmente, como foi que ela conseguiu sobreviver ao tempo. Infelizmente, muitos casarões foram derrubados sem que tivéssemos a chance de conhecê-los melhor ou saber de sua importância. A memória vai se perdendo.

As cidades brasileiras que conservaram seu centro histórico podem até lucrar com isso. Turistas viajam apenas para observar tais construções. É comum que alguns sejam transformados em restaurantes sofisticados ou simpáticas lojinhas de artesanato. Preservar nosso passado é algo muito importante, assim como guardar uma foto de família, uma carta ou algo com que possamos recordar de um tempo feliz. Não significa que tenhamos que ficar presos a memórias antigas, mas podemos recorrer a elas para valorizar e respeitar o que foi feito, até para que possamos evitar, no futuro, cometer algum erro que já possa ter ocorrido.

E, ao falar em passado, memória e casarões antigos, penso logo em Minas Gerais. Adoro esse estado, suas cidades, com suas serras e estradas cheias de curvas. Quando viajo por lá, gosto sempre de parar em algum mirante e observar a paisagem. São montanhas verdinhas, com vacas espalhadas e casinhas bem simples. De vez em quando há alguma igrejinha ou capela compondo a paisagem. Dá um sentimento de paz, alegria.

Isso sem falar da comida mineira, que eu acho sensacional: caldeirões de barro, fumegantes, com tanta coisa gostosa. E os doces? Aqueles de leite com castanha, amendoim ou mesclados, que são vendidos pela estrada. Acho muito interessante olhar o rótulo e procurar a cidade na qual ele foi feito. Sempre considero um bom presente. Nunca encontrei quem não apreciasse esses doces.

Um amigo me disse que eu iria gostar da cidade de Tiradentes e me programei para estar nela durante as comemorações da Semana Santa, pois as cerimônias religiosas costumam ser muito bonitas nessas cidades do interior mineiro. E ele tinha razão. Assim que cheguei fui me encantando. A entrada era totalmente comum, mas quando o asfalto terminava, logo no acesso ao centro antigo, o chão mudava completamente: passava a ser formado por grandes lajotas totalmente irregulares. Meu carro tremia tanto que parecia um liquidificador. Desisti de dirigir, estacionei e comecei a andar pelo vilarejo.

Falando nisso agora, sinto muita saudade. Como foi gostoso passear à toa, entrar nas lojinhas, caminhar pelas vielas, cumprimentar as pessoas. Eu não perdia uma conversa. Lembro-me de ter visto uma garota parada diante de uma loja e, naturalmente, começamos a conversar. Ela me falou da cidade, da vida dela por ali e até do desejo de ir embora. O que para mim era puro encantamento, para ela talvez fosse rotineiro. Com o tempo percebi isso; muitas vezes, de tanto olhar,

PELOS MISTÉRIOS DE MINAS GERAIS

não percebemos a riqueza que nos cerca e precisamos que alguém nos indique uma maneira diferente de observar as coisas ao nosso redor para que possamos voltar a valorizá-las.

Há em Tiradentes uma igreja muito bonita: a Matriz de Santo Antônio. Ela fica num morro de onde se tem uma ampla visão da Serra de São José, próxima à cidade. Resolvi entrar nela para conhecer seu interior. Entretanto, ao terminar de subir a escada que levava ao imenso pátio que antecedia a porta principal, percebi que o chão era formado por túmulos. Isso era muito fácil de ser verificado, pois eram pequenas lajes retangulares que traziam o nome de uma pessoa e as datas de nascimento e morte, todas bastante antigas. Achei curioso, pois nunca tinha visto algo parecido, e fiquei em dúvida se eu poderia pisar naquelas placas envelhecidas. Como eu pretendia acessar a igreja, e não vi nada que impedisse o caminho, decidi prosseguir.

Ao entrar, vi que os túmulos continuavam em direção ao altar. Depois, fui pesquisar e descobri que eram muito comuns os sepultamentos em igrejas, e, acreditava-se, quanto mais próximo ao altar, maiores as chances de ir ao Paraíso. Esse privilégio era obtido por quem fizesse as maiores doações àquela paróquia.

Agora, o que estava acontecendo comigo? Eu havia vivenciado tanta coisa que minha imaginação funcionava a mil por hora. Comecei a inventar uma história, com vontade de contar para todo mundo o que eu havia descoberto, as sensações que tive. Inventei um personagem que chamei de Lucas, nome do meu sobrinho, e para ele eu transferi todas as sensações que experimentei. A única diferença é que ele encontrou, preso na igreja, um fantasma que não conseguia ir ao Paraíso, mesmo tendo sido enterrado próximo ao altar. Foi assim que nasceu um outro livro que escrevi.

Mas não foram somente contos de fantasmas que descobri dentro das igrejas. Certa tarde, resolvi conhecer uma igreja na cidade de Ouro Preto. Ela estava bem vazia, e logo ficamos apenas eu e uma mulher a desfrutar o ambiente. Ambos estávamos sentados olhando para o teto. Então, desviei o olhar e percebi que ela segurava um guia, o que revelava ser estrangeira. Imediatamente fiquei curioso para saber quem era ela e o que estaria fazendo por ali.

Ela acenou para mim, acabou se aproximando e, graças a uma rápida conversa que tivemos, percebi a riqueza de nossa língua. A mulher me disse

O QUE VI POR AÍ

que estava procurando uma informação em seu guia, mas não encontrava. Ela falava um pouco de português e havia aprendido a ler exatamente como as palavras estão escritas. Porém, logo notei que essa não era uma boa opção. A palavra "GUIA" é um excelente exemplo. Ela lia pronunciando o U. Imagine que você leia a palavra GULA. Agora, substitua o L por I e mantenha o mesmo som. Eu ri e a ensinei a falar corretamente, sem pronunciar o U, mas ela sempre esquecia.

Ficamos amigos e passeamos juntos pela cidade. Conseguimos nos comunicar apenas porque nós dois falávamos inglês. É muito curioso o comportamento dos estrangeiros em nosso país. Alguns dos que encontrei sempre querem coisas "estranhas". Um português que conheci em Salvador queria porque queria comer churrasco. A comida típica da Bahia é tão marcante que não me imagino comendo outras coisas que não sejam as regionais.

A moça que conheci em Ouro Preto era italiana e se chamava Pia, trabalhava para uma revista importante. Quando os estrangeiros estão no Brasil, eles querem muito aproveitar o sol, pois, felizmente, temos calor aqui o ano inteiro. Eu estava ansioso para continuar meu passeio andando pelas igrejas, pelas ruas, olhando as pessoas, mas a italiana queria apenas uma coisa: uma piscina.

Com tanta coisa para olhar naquela cidade, a última coisa no mundo que eu queria era procurar por uma piscina. E tem mais, quem é que iria deixar uma pessoa desconhecida simplesmente entrar num lugar para tomar um banho de piscina? Achei tudo aquilo uma imensa perda de tempo e pensei em me separar dela para continuar meu caminho do jeito que eu pretendia.

Entretanto, fiquei imaginando a dificuldade que ela teria de explicar para alguém o que desejava. Resolvi ajudá-la, embora estivesse envergonhado de ficar pedindo para usar uma piscina qualquer. Em primeiro lugar, eu precisava descobrir onde encontrar uma piscina.

As casas em Ouro Preto são antigas, compridas e estreitas, não havia a possibilidade de encontrar piscina numa nelas. Pia, que era a principal interessada, ficava olhando para todos os lados. De repente, ela teve uma ideia. Resolveu entrar numa pousada e eu fui atrás.

No balcão estava um homem grande e barbudo com uma cara meio indecifrável. Ela foi entrando com a maior naturalidade do mundo, e, pronto, havia uma piscina. Dava para ver pelo vidro. Eu, muito sem jeito, expliquei o caso para o homem, e não é que ele permitiu? Foi bastante fácil, até. Inclusive ofereceu uma toalha para minha nova amiga italiana. Então, fomos os dois para a piscina. Ela estava preparada, vestida com um maiô por baixo.

Pia deitou-se numa cadeira e esbaldou-se com o sol. Começamos a conversar e eu lhe falei da minha vida, que eu era cantor e que tinha vontade de ser escritor. Ela me contou que trabalhava numa revista italiana e que iria fazer uma matéria sobre a cidade. Continuamos conversando e eu fui me esquecendo da cidade e dos planos que havia feito para aquele dia.

Quando ela se satisfez com o sol, retornamos para a recepção, que estava bem vazia, e começamos a conversar com o Válter, que era o dono do lugar. Ele se revelou uma pessoa extremamente simpática e logo engatamos os três uma longa conversa, que entraria pela noite, em que ele também nos contou sua vida e sobre suas atividades de artista plástico. A pousada era cheia de obras de arte, diversas dele.

Foi um dia muito rico, inesquecível. Eu, que havia planejado momentos em igrejas, museus, imaginando encontrar coisas que nunca tinha visto, acabei conhecendo uma gringa despojada, um artista plástico barbudo e uma realidade que não existe em nenhum outro lugar que não seja em nossas vidas e nas experiências que aprendemos, ouvindo o outro e respeitando todas as diferenças, por mais estranhas que possam nos parecer.

Aprendi que, várias vezes, é bom que o inesperado aconteça e nos tire da rotina. Algumas vezes, precisaremos de coragem para uma mudança de caminho, mas, outras, basta estar atento e aceitar que o destino seja nosso guia.

5
NO CENTRO-OESTE, O CORAÇÃO DO BRASIL
(A terra da poeta, das frutas e cores)

Se há uma coisa de que gosto neste mundo é passear em sítios e fazendas. Adoro ver frutas no pé e sempre fico fascinado com uma árvore carregada: mangas, laranjas, pinhas, jacas... Uma de minhas frustrações é a de jamais ter morado num lugar com um quintal imenso, onde eu pudesse ter um montão de plantas. Quando eu era criança, tinha dois vizinhos, um próximo e um distante, que possuíam frutas em seus quintais. Eles não eram, exatamente, generosos. O vizinho próximo tinha um pé de mexerica e um de seus galhos se voltava justamente para o meu quintal. Infelizmente, as frutas sempre vingavam do lado dele, então raramente via alguma pendendo para minha casa, mas, mesmo que isso acontecesse, eu era proibido de pegar, pois minha mãe não deixava.

Minha casa ficava numa esquina, portanto, de um lado havia a rua, do outro, o vizinho da mexerica e, depois, o vizinho que tinha um pé de abacate, que eu apelidei de "Distante". Aquele era meu sonho de consumo. Como adoro abacate com açúcar, sempre namorava aquela árvore. Morei naquela casa por dez anos e o tal do Distante nunca me deu uma fruta, caía tudo no chão, era um desperdício. O da

mexerica, muito de vez em quando, nos oferecia uma bacia com algumas que ele colhia. No fim, eram bem pequenas e azedas.

Para suprir essa minha carência, plantei no meu quintal um pinheiro e um pé de maracujá. Minha mãe cultivava várias flores, principalmente margaridas. Lembro-me de ter quebrado um galhinho de um pinheiro que existia num supermercado e, simplesmente, enfiado o galhinho na terra. Acabou que ele se tornou uma árvore imensa, que me enchia de orgulho. O pé de maracujá, então, virou uma festa. Eu não tinha ideia de que iria crescer tanto: se enroscava e se espalhava em qualquer lugar, subia pelo muro e descia para a rua. Não sei se você já viu, mas as flores de maracujá são realmente bonitas e cheirosas.

A planta se enchia delas, e as pessoas colhiam as que nasciam para o lado de fora. Infelizmente, por qualquer razão que até hoje desconheço, elas não vingavam, caíam todas, não dava um único maracujá. Quer dizer, deu um, apenas um, que eu colhi e de que me lembro claramente por ter sido diferente de todos os outros que vi na vida. Sua casca era bem dura, não enrugada, e deu um suco meio avermelhado, delicioso. Depois nasceram mais alguns, mas não se desenvolveram.

Outras coisas que eu cultivava, porque tinha certeza de que ia colher, eram milho e feijão. Eu morava numa rua central, muito movimentada, e as pessoas deviam achar engraçado aquele "milharal" crescendo num pequeno jardim. Sempre ficava ansioso pela hora de colher. Recordando-me agora, percebo como é importante deixar que uma criança conviva com isso. Ajuda a compreender o ciclo da vida, a origem dos alimentos, o cuidar para ter.

Então, você é capaz de imaginar minha empolgação quando fui a um sítio pela primeira vez. Isso aconteceu faz muito tempo. Para variar, fomos de carro até Mato Grosso do Sul, onde parte da minha família vivia. Acho que, naquela época, o estado do Mato Grosso nem era ainda dividido. O fato é que vivi dias inesquecíveis naquele lugar; se bem que, algumas coisas, quero esquecer. Assim que chegamos, meu tio-avô resolveu matar um porco para comemorar. Eu não vi o sacrifício, mas ouvi. Nunca mais me esqueci e, até hoje, não me sinto muito bem comendo carne vermelha.

Também tive contato com vários outros animais domésticos: cabras, galinhas, patos, gansos... Ainda havia crianças da minha idade, meus primos, e a gente brincava o dia inteiro. Visitei esse sítio uma única vez na minha vida, porém, nunca mais o esqueci.

NO CENTRO-OESTE, O CORAÇÃO DO BRASIL

Mas o que há de curioso nisso tudo? É que essa foi a primeira vez em que estive na região Centro-Oeste do Brasil. Sempre tive o desejo de visitar, pelo menos uma vez, todas as regiões do País. Como eu conhecera essa muito cedo, considerava que não precisaria mais voltar para lá.

Grande ingenuidade!

Eu não havia visto nada ainda. Como é que alguém pode dizer que esteve na região Centro-Oeste sem ter visitado o Pantanal, as Chapadas, ou nossa capital federal, Brasília?

O que me fez retornar foi a cidade de Goiás Velho, ou simplesmente Goiás. Essa pequena cidade é considerada patrimônio da humanidade pela Unesco. Esse título é muito importante e a coloca no cenário mundial para que seja preservada pelo seu valor arquitetônico e histórico. Decidi fazer uma longa viagem de carro pelo estado de Goiás, o que foi uma das melhores viagens que já fiz. Passeei por Caldas Novas, que fica numa região especial, cheia de águas termais. É uma delícia ficar à noite dentro de uma piscina de água natural, bem quente, olhando para o céu estrelado.

Minha próxima parada foi em Brasília. O Distrito Federal é um lugar muito interessante. Temos edifícios importantes, como os da Esplanada dos Ministérios, Palácio do Planalto e Supremo Tribunal Federal. Podemos entrar em praticamente todos eles e fazer uma visita, normalmente guiada. É algo especial poder ver de perto os locais onde importantes fatos de nossa vida são decididos. Para falar de Brasília, apenas de lá, eu teria que fazer outro livro, tamanha a quantidade de aspectos da nossa capital.

Então, vou dar um pulo direto para Alto Paraíso, na Chapada dos Veadeiros. É um desses ambientes que ficam em nossa memória para sempre. Já foi considerado um local místico, e várias pessoas se mudaram para lá acreditando que o mundo iria acabar no ano 2000. Algumas das casas são muito curiosas, possuem a forma de uma gota.

Acabei me hospedando na casa de uma senhora que mantinha um quarto para receber turistas. Foi muito melhor do que ficar em hotel ou pousada, pois ela me contou histórias típicas enquanto me preparava um delicioso café da manhã. Um dos locais mais bonitos que visitei foi o Vale da Lua, de uma formação rochosa, única, que é bem escura, lisa e cheia de buracos e crateras, que fazem realmente lembrar o solo da Lua. O contato com a natureza é muito especial: tucanos vinham ciscar no jardim da casa pela manhã.

Bem... Contei tudo isso para chegar ao destino final daquela viagem: Goiás Velho, nossa cidade patrimônio. Ela é cercada por memórias, é só olhar em volta. Logo que se chega, encontramos uma imensa praça circundada por várias casas, pequenas, com portas que dão direto para a rua. No meio dela, há uma construção bastante grande e estranha que, mais tarde, descobri se tratar de uma fonte. Também há um prédio que foi um antigo presídio.

Porém, os grandes segredos estavam dentro das casas, com as pessoas. E lá fui eu atrás delas. Acabei conhecendo dona Goianira, uma famosa artista da cidade. Ela faleceu algum tempo depois de minha visita, mas nunca a esqueci. A artista pintava quadros com areia colorida. A Serra Dourada, próxima à cidade, oferece dezenas de cores diferentes em forma de areia, mas precisa ter os olhos treinados para encontrá-las. A senhora me mostrou algumas pedras escuras, que não pareciam diferir umas das outras; mas, ao desbastá-las, uma fina areia colorida começava a cair.

Numa grande mesa, ela possuía muitos potinhos de vidro com areias de todas as cores que se possa imaginar: vários tons de azul, vermelho, amarelo. Pelas paredes, alguns de seus quadros.

Fiquei receoso de encostar neles, pois achei que a areia poderia cair, mas ela retirou um quadro da parede e, com força, esfregou suas unhas pela tela. Não caiu um só grão. Achei muito legal. É claro que eu perguntei como ela fazia aquilo, mas ela respondeu que não tinha como ensinar, era algo dela. Que a areia estava ali, ao alcance de todos, era só pegar e fazer. Eu me senti incapaz. Não tenho nenhum talento para desenhar, quanto mais para fixar imagens tão coloridas numa tela. Até fiquei com vontade de comprar uma de recordação, mas era impossível. Ela não possuía nenhuma para vender e, de qualquer forma, seria muito caro.

Em outra casa, encontrei uma senhora que fazia docinhos de alfenim: pequenas esculturas de açúcar, muito lindas e gostosas de comer. Lembro-me da casa dela perfeitamente. Cheia de móveis, enfeites e paninhos cobrindo tudo. Era incrível como as pessoas me recebiam em suas casas e contavam suas histórias. Eu apenas perguntava e deixava a pessoa me contar o que quisesse.

NO CENTRO-OESTE, O CORAÇÃO DO BRASIL

Além disso, muito perto de tudo e referência na cidade está a casa que pertenceu à grande poeta Cora Coralina, que também fazia doces para vender. Ela colhia as frutas em seu próprio quintal e preparava os quitutes em sua cozinha. Ainda hoje é possível observar tudo isso, seus tachos, seu fogão, seus escritos. Ler Cora Coralina, logo após uma visita às ruas de sua cidade, é como se estivéssemos tendo revelada a alma do local, seus segredos.

Veja só! Comecei falando das mexericas do meu vizinho e fiz uma pequena viagem pela região Centro-Oeste. Observe que não falei do Pantanal, da Chapada dos Guimarães, do Araguaia, dos indígenas do Xingu... E pensar que eu julgava conhecer a região apenas porque visitei um sítio quando era criança!

Muito bonito isso, nossa ingenuidade...

Jamais iremos saber rigorosamente tudo sobre um lugar, nem mesmo sobre nossa própria cidade. Descobri que sempre posso afirmar que estive em algum lugar, mas não que o conheço. Conhecer é algo mais profundo, demanda tempo, paciência, vivência. Isso é ótimo, pois sempre haverá aquela possibilidade de se aprender alguma coisa que será importante em nossas vidas.

6

AMAZÔNIA E A VIDA POR TODA PARTE

(Sobrevivendo da floresta)

O Teatro Amazonas, em Manaus, é pintado de cor-de-rosa. Essa parece ser sua cor original, que se mantém há muitos e muitos anos. Acontece que, a primeira vez que o vi, ele era azul, ou cinza, depende do quanto a tinta havia desbotado.

Quando retornei a Manaus, em 2007, e contei para as pessoas de lá que o tinha visto diferente de cor-de-rosa, olhavam-me com desconfiança. Essa velha cor azul/cinza desapareceu há tanto tempo que ninguém mais se lembrava, porém, tenho uma foto para provar.

E por que isso aconteceu?

Imagine um jovem humilde, com 21 anos, que nunca havia viajado de avião, pretendendo ir à Amazônia. Pois é, eu era esse jovem. Havia juntado o que tinha e o que não tinha e consegui!

Lembro-me de ter visto na televisão uma matéria sobre essa cidade e tudo a que assisti me deixou impressionado: o rio Amazonas, o encontro das águas, os hotéis de luxo e o famoso teatro. Toda a história de Manaus é extremamente interessante. O que movimentou a economia do local foi a borracha, que era extraída das seringueiras. Tudo ia muito bem até que os ingleses contrabandearam as sementes da árvore e conseguiram cultivá-la na Ásia. Isso começou a causar o declínio do local.

De qualquer forma, ficaram as ruínas de um passado de riqueza.

Além disso, em 1989, quando fui a Manaus pela primeira vez, conheci a Zona Franca, um pequeno paraíso para compras. Na época, tudo que era novidade, artigos exclusivos e importados estavam por lá, somente lá. Não se encontravam aparelhos mais modernos em nenhum outro lugar do País. Até para sair do aeroporto você precisava declarar o que havia comprado. Lembro-me de quão impressionado fiquei

ao ver latas redondas e decoradas cheias de biscoitos ou batatas fritas, todas iguais, em embalagens cônicas de papelão, brinquedos, rádios e o máximo da época: videocassetes. Os olhos brilhavam. Até um autorama eu comprei para o meu irmão!

Outro sonho realizado: vale muito a pena entrar num barco no rio Amazonas e sair navegando; é muita água. Em alguns locais fica até difícil avistar as margens. Almocei num restaurante flutuante, que ficava num barco, e ainda vi uma borboleta grande e azul saindo da mata. São coisas simples que, normalmente, nos marcam durante as viagens. Quando a viagem terminou, acreditei que nunca mais voltaria a ver a floresta.

Porém, em 2007, aconteceu de me pedirem para escrever um livro que se passasse no Amazonas. Achei um grande desafio e aceitei, de novo... Entretanto, quando comecei a escrever a história, percebi que não dispunha de algumas noções básicas. Como é que eu poderia fazer um personagem passear por Manaus se eu nem sequer me lembrava da distância entre o teatro e o cais? Não havia a tecnologia da qual dispomos hoje em dia. Foi então que tomei a decisão de voltar a Manaus e, aí, descobri o teatro cor-de-rosa. Uma surpresa!

Acabei fazendo amigos por lá e até me ofereceram um guia para me mostrar a cidade, o que foi muito útil, pois eu chegava mais rápido aos locais e ainda obtinha informações em primeira mão.

O guia me levou para conhecer um aquário com os peixes-bois. São animais que vivem na água, porém, como todo mamífero, precisam respirar para sobreviver. Quando cheguei ao tanque, tive uma surpresa. Os funcionários estavam trocando a água e os peixes-bois permaneciam imóveis no fundo, esperando que a água atingisse um nível que lhes permitisse nadar. Dava dó de ver aqueles animais imensos totalmente indefesos. Olhando para eles, tive a clara noção de sua fragilidade e o quanto precisavam de cuidado. Foi aí que meu guia disse:

– Esse bicho é muito gostoso!

Olhei para ele sem acreditar no que tinha ouvido. Um monte de ideias me passou pela cabeça. Como é que ele tinha coragem de comer aquele bicho, que era um animal em extinção? Ninguém pode matar um animal silvestre, isso é crime. Fora todo o aspecto ambiental, proteção ao meio ambiente etc.

Mas eu não disse nada.

Depois de um tempo, percebi que todo mundo achava normal que as pessoas criassem em casa outros tipos de animais, como macacos e papagaios. Aí comecei a reparar nas pessoas e várias coisas me chamaram a atenção.

Fui ao porto e parei diante dos barcos. Constatei que eles são, realmente, os automóveis do rio. Permanecem ancorados, como se fossem ônibus, exibindo, inclusive, uma placa informando seu itinerário. Havia várias redes para dormir dentro deles, pois algumas viagens podiam demorar dias.

Observar o movimento das pessoas era bastante interessante: carregavam grandes sacolas, malas, objetos. Às vezes, dentro do barco, havia alguém como que reservando um lugar para a viagem que se aproximava. De repente, fui surpreendido com uma das coisas mais inusitadas que já vi: um homem carregando uma geladeira. Isso mesmo, uma geladeira, sozinho. E como? Equilibrando-a na cabeça. É usual encontrarmos mulheres equilibrando trouxas de roupa, mas eu nunca havia visto alguém que pudesse carregar uma geladeira. O ambiente colabora para determinar o meio de vida das pessoas. Isso ficou claro para mim.

Em Manaus, tive a oportunidade de visitar um grande hotel de luxo. Lá existia um pequeno zoológico e aproveitei para ver uma onça, o que é muito difícil de se conseguir na natureza. Ela estava numa jaula pequena. Era possível vê-la bem de perto. Depois, voltei para o saguão do hotel e reparei numa moça que trabalhava atrás de um balcão. Aproximei-me e comecei a conversar.

Ela, mestiça, claramente tinha traços indígenas: rosto moreno, cabelos lisos e longos enfeitados com uma bijuteria. Esse, aliás, era o trabalho dela: ensinava os turistas a fazer suas próprias joias com elementos da floresta: sementes, corantes, penas, flores...

A jovem me mostrou os objetos, um por um, e me falou de sua vida. Morou numa cidade distante de Manaus, na floresta. Estudar era muito complicado, mas ela fez algo que muitas pessoas jamais teriam paciência: viajava duas horas de barco por dia para conseguir chegar até a escola. E seu esforço valeu a pena. Com seu trabalho, ajudava toda uma comunidade que se dedicava a coletar na floresta as peças que iriam gerar as bijuterias vendidas no hotel. Ainda me disse, de forma curiosa, que mesmo tendo vivido na floresta por tantos anos jamais vira uma onça de perto. Acabei achando que tínhamos algo em comum.

Só sei que fui terminar aquele dia à beira do rio Negro vendo o pôr do sol. Ali, sentindo o vento e observando a floresta, refleti sobre toda a maravilha da vida: um rio imenso, águas que não se misturam, peixes gigantescos, uma floresta milenar, mistérios e mais mistérios esperando que alguém os descubra.

E assim como o teatro mudou de cor, a vida se transforma, nossas opiniões e conhecimentos também. O que achamos correto hoje pode ser considerado um grande absurdo no futuro. Penso que o mais importante é estar disposto a aprender, a não ficar parado. Assim, quando alguma grande mudança vier, estaremos mais preparados para aceitar e compreender os novos tempos.

OS PRÓXIMOS CAPÍTULOS...

Retornar de viagem é uma coisa boa, gosto muito de voltar para casa. Chega um momento em que começo a sentir falta da família, dos cachorros, dos meus amigos e de todas as coisas que sempre preciso fazer e que até acho que são um pouco chatas. O que cansa é a rotina, por isso é necessário dar uma escapadinha do cotidiano de vez em quando.

Porém, o fundamental é que sempre chego renovado e com a memória de todas as coisas que vivi, sejam boas, sejam ruins. Não costumo "requentar" qualquer coisa negativa que tenha acontecido nas minhas viagens, simplesmente esqueço. Se for muito importante, guardo como aprendizado para não repetir aquela situação, mas me esqueço rapidamente de contratempos. Fica uma recordação agradável, que me aquece a memória.

Também gosto de desfazer as malas, separar presentes e conferir tudo o que trouxe comigo: livros, músicas, recortes de revista ou jornais. Isso sem falar nas fotografias. Antigamente, tudo era mais difícil. Eu levava uma máquina e tinha que ficar trocando o filme para tirar poucas fotos, apenas 36. Hoje em dia, com os celulares, isso virou uma grande diversão. Registro tudo, até maçanetas de portas. Depois, escolho as melhores e guardo. Imprimo poucas.

Eu seria uma pessoa totalmente diferente se não tivesse viajado tanto. Nem melhor, nem pior. Acontece que algumas lembranças são tão presentes que não sei como seria viver sem elas: memória das estradas, de animais diferentes, pessoas interessantes, belas paisagens e todas as aventuras que vivi por aí.

Tantas coisas... E, pensando bem, não são somente coisas que vi, mas que também ouvi, pensei, ignorei, provei, senti...

Tudo isso me causa permanente inquietação. Vários desses fatos se unem, conversam e se encontram dentro da minha cabeça. É um turbilhão de informações que estão sempre sendo acrescidas de situações que me acontecem no dia a dia. Algumas dessas ideias vão ganhando forma e se transformam em livros, músicas, contos, poesia. Simplesmente não cabem mais em mim e, algumas, ganham o mundo.

Você mesmo deve ter alguma história para contar e não importa se tudo aconteceu longe ou perto. Tenho recordações especiais de momentos com meus vizinhos e até de feiras do outro lado do mundo. Pode até mesmo ser uma jornada interior, uma reflexão para melhorar a si próprio. Vale a pena repartir sua vivência. As pessoas gostam de ouvir histórias, é como se voltássemos a ser crianças. Como escreveu o grande poeta Fernando Pessoa, "Tudo vale a pena se a alma não é pequena".

Agora, termino este livro e estou pronto para iniciar um novo projeto, do mesmo jeito de sempre: do nada. É assim mesmo. Quando não tenho nada é que as coisas acontecem. Procuro sair dessa situação, criar, imaginar, ter ideias, depois dividi-las com alguém.

De repente, estou no meio de algo interessante que poderá me levar a lugares que nunca imaginei e que irão fazer parte de tudo o que vi por aí.

Autor e Ilustrador

Manuel Filho

Viajar sempre é um encontro. Um encontro com nossos pensamentos, com paisagens incríveis, com as mais diferentes descobertas e, principalmente, com pessoas. Todo mundo tem uma história para contar, e as melhores podem vir de lugares inesperados, de encontros ao acaso e de uma simples conversa. Adoro ler diários de viajantes e, graças a eles, é que sabemos tanto sobre o passado de nosso país, por exemplo. Eu vi por aí muitas coisas inspiradoras e coloquei várias delas neste livro. Adoro escrever, é uma forma de dividir as belezas que descubro pela vida. Já publiquei cerca de cem livros, ganhei o Prêmio Jabuti, um prêmio literário bem legal, e trabalhei com artistas que admiro muito, como o Mauricio de Sousa e o Ziraldo. Venha ver um pouquinho por aqui, ali, no meu *site* www.manuelfilho.com.br

Luciano Tasso

Nasci em Ribeirão Preto, interior de São Paulo. Sou formado pela Escola de Comunicações e Artes da Universidade de São Paulo (USP). Durante muito tempo trabalhei em agências de publicidade, até dedicar-me exclusivamente à literatura, ilustrando livros infantis e juvenis. Desde então produzi muitas obras, além de publicar livros de minha própria autoria.

Ilustrei muitos livros, entre eles, *O que é cultura popular?*, de Moreira de Acopiara; *Jararaca: um homem com nome de cobra*, da autora Luciana Savaget; *Lua estrela baião: a história de um rei*, do autor Assis Ângelo; e *A longa caminhada de Jamil fugindo da guerra*, de Moreira de Acopiara.

www.cortezeditora.com.br